ISBN 3-933144-40-x
© by **dialog**verlag Münster 2001
Das gesamte Werk ist im Rahmen des Urheberrechtsgesetzes geschützt. Jegliche vom Verlag nicht genehmigte Verwertung ist untersagt. Dies gilt auch für die Verarbeitung durch Funk, Film, Fernsehen, fotomechanische Wiedergabe, Tonträger jeder Art, elektronische Medien sowie für auszugsweisen Nachdruck und die Übersetzung.

**Texte:**
Margarete Heitkönig-Wilp, Emsdetten
Wilfried Leusing, Emsdetten

**Fotos:**
Achim Pohl, Essen

**Satz und Layout:**
Achim Pohl, Essen

**Druck:**
Druckhaus Bitter, Recklinghausen

Margarete Heitkönig-Wilp

Wilfried Leusing

Achim Pohl (Fotos)

# So nah
# wurdest Du mir...

# VORWORT

## MENSCHEN WÜRDIG PFLEGEN
## DIE ENTSCHEIDENDE DIMENSION

Alte Menschen sind für mich wie ein anregender Roman. In ihren Gesichtern lese ich die Spuren gelebten Lebens. In ihren Worten höre ich das Rauschen von Flüssen, die von weither kommen. Alte Menschen sind für mich wie ein Schatz, der in Falten und Runzeln verborgen ist und auch in den vielen sich wiederholenden Erzählungen. Wer hilft, den Schatz zu entdecken? Wer hilft, den Schatz ans Licht zu befördern? Wir alle leben von diesem Schatz, die Alten und auch die Jungen.

Spätestens jenseits der Lebensmitte ist es notwendig, diesen Schatz wahrzunehmen. Denn das Leben ist nicht nur eine Ausdehnung in die Länge der Tage. Es ist vor allem Ausdehnung in die Tiefe der Erfahrung. Die Tiefe ist es, nicht so sehr die Länge, die ein Leben reich macht. Wer allein die Länge in den Blick nimmt, dem fehlt die entscheidende Dimension.

Die Länge eines Lebens lässt sich leicht benennen. Die Länge eines Lebens feiern wir mit Recht an jedem Geburtstag. Wie aber lässt sich die Tiefe benennen? Und wie lässt sie sich feiern?

Der tiefste Grund des Lebens heißt nicht Zeit. Der tiefste Grund des Lebens heißt Ewigkeit. Wer seiner Zeit auf den Grund geht und dabei ein Gespür bekommt für seine Ewigkeit, der weiß etwas vom Geheimnis des Menschen. Der kann diese Verbindung zur Ewigkeit auch feiern, mit jedem Gebet, mit jedem Gottesdienst.

Je älter ich werde, desto weniger sind Zeit und Ewigkeit für mich Gegensätze. Sie sind vielmehr die notwendigen Gewichte, die meine Lebenswaage in der Schwebe des Lebendigen halten. Beiden Gewichten die ihnen zukommende Aufmerksamkeit schenken, der Zeit wie der Ewigkeit, das ist Lebenskunst.

Der Zeit schenke ich Aufmerksamkeit in den alltäglichen Pflichten und Aufgaben. Der Ewigkeit schenke ich Aufmerksamkeit in der Hinwendung zum lebendigen Gott. Zu seinem Anspruch und Zuspruch. Und in meiner Antwort darauf im Beten und Handeln. In dieser alltäglichen Verbindung von Zeit und Ewigkeit kommt mein Leben ins rechte Lot, findet mein Leben sein Gleichgewicht, trotz vieler Störungen. Jakob Böhme, ein Mystiker des 17. Jahrhunderts, bringt diese Erfahrung auf den Punkt: „Wem Zeit ist wie Ewigkeit und Ewigkeit wie Zeit, der ist befreit von allem Streit."

Und was hat das alles zu tun mit unserem Thema „Menschen würdig pflegen"? Was hat das zu tun mit dem Josefstift in Emsdetten?

Diese Einrichtung hat sich zum Ziel gesetzt, den Menschen ganzheitlich wahrzunehmen und anzunehmen, mit allem, was zum Menschen gehört an Dimensionen der Zeit und der Ewigkeit. Seine zeitlichen Bedürfnisse ernst zu nehmen, was Nahrung, Pflege, medizinische Versorgung, Freizeit- und Bildungsangebote betrifft und was sonst noch alles zur Länge unserer Tage gehört. Aber ebenso ernst zu nehmen auch das, was zur Tiefe des Menschseins gehört, nämlich die Verbindung zur Ewigkeit.

Mit jungen Leuten, die das Firmsakrament empfangen, spreche ich gern darüber, wie sie sich ihre Zukunft ausmalen. Eines haben dann all die vielfältigen Äußerungen der Fünfzehnjährigen gemeinsam: Die Zukunft ist unübersehbar weit, wie ein Blick auf das Meer, kein Ende abzusehen, höchstens in großer Entfernung ein blasser Horizont. Sprechen dagegen alte Menschen über ihr Leben, so schrumpft dieses oft zusammen auf einige wenige Begebenheiten. Die Zeit des Lebens ist lang und kurz zugleich, je nachdem, ob sie vorausschauend oder rückblickend betrachtet wird.

Wer zurückschaut, entdeckt mit Schrecken auch das belanglose Vielerlei, das nicht mehr zählt. So wie der Siebzigjährige in Erica Pedrettis Roman „Kuckuckskind": Er habe siebzehn Autos besessen. Im Durchschnitt hätten sie es einhunderttausend Kilometer mit ihm ausgehalten: Das sind eins Komma sieben Millionen. Dazu kommen noch Taxis und Mietwagen, das macht etwa zwei Millionen Kilometer. Eine knappe Million Flugkilometer. Er habe den Erdkreis mehr als siebzigmal umrundet, Bahnfahrten und Schiffsreisen nicht mitgezählt. Er habe an die zwanzigtausend Radiosendungen gehört und über zwölftausendmal die Fernsehnachrichten angeschaut, sei, wenn es pro Tag nur dreißig Minuten gewesen wären, über sechstausend Stunden vor dem Kasten gesessen ...

Und was dabei unter dem Strich herauskommt, das beurteilt der Siebzigjährige so: Er habe sein Leben dahingebracht wie ein Geschwätz.

Die Einsicht ist eindeutig: Was zählt, sind nicht die Zahlen. Nicht die Kilometerzahlen, nicht die Stundenzahlen mit Radio und Fernsehen und auch nicht die Zahlen des Bankkontos. Was zählt, ist das, was die Zeit mit der Ewigkeit verbindet.

Aber noch in der Rückschau gibt es die Chance, dass aus dem Geschwätz ein Dialog wird.
Indem auch all das, was als vertane Zeit empfunden wird, dem lebendigen Gott hingehalten wird. Weil Gott gnädig umgeht mit meiner Vergangenheit, sollte ich es auch können. Also ohne Selbstvorwürfe, ohne bedauerndes Kreisen um Vergangenes. Auch all das Belastende und das Banale meiner Lebenszeit kann sinnvoll eingeordnet werden in das Ganze des Lebens. Ja, dieses Einordnen lässt sich sogar feiern in einem eigenen Sakrament. Im Bußsakrament wird es weder verharmlost noch dramatisiert. Sondern es wird zum Einfallstor für die Zuwendung Gottes, vergebend und heilend.

Könnte die letzte irdische Wohnung eines Menschen nicht gesehen werden wie ein Hafen, in welchem jemand nach langer Fahrt auf seinem Lebensschiff angelangt ist? „Die Zeit ist dein Schiff, doch deine Bleibe nicht" (Lamartine). Das Lebensschiff hat den Hafen erreicht. Aber bevor der Mensch von Bord geht, um das neue Land zu betreten, bleibt ihm noch ein längerer oder kürzerer Aufenthalt auf dem Schiff. Mit Freude und auch mit Trauer, mit Lachen und auch mit Weinen erzählt man sich von den Erlebnissen unterwegs, von stürmischer See und von Fahrten in angenehmem Klima, von Ankommen und Abschiednehmen. Ich wünsche mir für diese letzte Zeit auf dem Lebensschiff, dass sie zu einem großen Schlusschoral wird. Ein Schlusschoral in dunklen und hellen Tonarten, in Moll und in Dur. Denn dieser Choral soll nicht verdrängen, dass die Zeit über kurz oder lang zu Ende geht, aber auch nicht, dass die Ewigkeit ansteht, auf die ich gespannt sein darf. Dieses Abschiednehmen von der Zeit und das sich Ausrichten auf die Ewigkeit hat die Dichterin Nelly Sachs in Worte gefasst, deren Stimmung mich an den Abend erinnern, an dem ich nach lebenslanger Wanderung nach Hause komme, wo ich erwartet werde und in die Arme genommen werde:

„Ich bin meinem Heimatrecht auf der Spur
dieser Geografie nächtlicher Länder
wo die zur Liebe geöffneten Arme
gekreuzigt an den Breitengraden hängen
bodenlos in Erwartung -."

„Glühende Rätsel", so heißt der Gedichtzyklus, zu dem diese Zeilen gehören. Die Ewigkeit bleibt ein glühendes Rätsel, auch und gerade im Alter. Das Rätsel ist nicht zu lösen. Aber es kann zum Geheimnis werden, mit dem ich umgehen lerne. Trotz der Dunkelheit dieser noch nie betretenen Länder. Trotz der Unwegsamkeit, in der nur schwer Orientierungsspuren zu finden sind. Aber die ausgebreiteten Arme, die zugleich mich und die Welt umfangen, zeigen mir, dass ich erwartet werde.
In einem Psalm wird diese Erwartung nicht weniger kühn formuliert:

„Nun aber will ich immer bei dir sein,
denn deine Hand hast du auf mich gelegt.
Nach deinem Ratschluss leitest du mich.
Und am Ende nimmst du mich auf
in deine Herrlichkeit (Ps 73)."

Gedicht und Psalm lösen das Geheimnis der Ewigkeit nicht auf. Beide setzen behutsam an in der Zeit. Beide richten sich an ein Gegenüber, das über die Zeit hinausreicht in die Ewigkeit. Beide sind am Ende nicht am Ende.

Dieses Gegenüber hat durch Jesus Christus ein menschliches Gesicht bekommen. Er ist der Lotse auf meinem Lebensschiff. Und er geht mir voraus, wenn ich das Schiff endgültig verlassen muss. Mit ihm bin ich auf der richtigen Spur.

Menschen würdig pflegen - dazu gehört vieles, was der Mensch braucht für die Länge seiner Tage. Dazu gehört aber auch, was der Mensch braucht, um die entscheidende Dimension der Ewigkeit nicht aus dem Blick zu verlieren. Sondern sie so zu erfahren, wie sie vor allem ist: heilsam und sinnstiftend.

Weihbischof Werner Thissen

# INHALT

Vorwort .................................................. 5
Einleitung ............................................... 9
Das Haus ................................................ 11
Die Menschen ............................................ 13
Grundsätze am Weg ....................................... 17
    Leben pflegen ..................................... 19
    Umfassendes Leben ................................. 21
    Mitleben und arbeiten ............................. 23
    Lebenskreise ...................................... 25
    Leben im Blick .................................... 27
    Milieu zum Leben .................................. 29
    Leben leben ....................................... 31
Auf dem Weg ............................................. 33
    Sterbebegleitung ist Lebensbegleitung ............. 35
    Weggefährten sein ................................. 39
    Der Weg als Ziel .................................. 45
    Der Tod trennt .................................... 69
    Leben danach ...................................... 75
    Kurzfassung des Konzeptes „Sterbebegleitung" ...... 85
    Segensgebet am Sarg ............................... 89
    Fürbitten ......................................... 91
Nachwort ................................................ 93

# Einleitung

Einen langen Weg sind wir gegangen, bis dieses Buch so vor uns lag, wie Sie es jetzt sehen. Schon vor einigen Jahren entstand der Gedanke, die Erfahrungen in der Begleitung unserer Bewohner/innen aufzuschreiben. In Fortbildungen, Gesprächen und in vielen persönlichen Begegnungen wurden wir bestärkt, den begonnenen Weg weiter zu entwickeln und darüber zu berichten.
„Sterbebegleitung ist Lebensbegleitung" heißt es im zentralen Kapitel unseres Buches. Mit zunehmendem Alter beeinflusst das Wissen um die Sterblichkeit das Leben. Dieser Gedanke muss das Leben nicht lähmen, aber er verändert es. Es tauchen Fragen auf, und Bedürfnisse wandeln sich. Das alles gilt es zu bedenken, wenn man sich mit alten Menschen auf den Weg macht. In einem wechselseitigen Prozess können wir dabei voneinander lernen.
Das Buch handelt von diesem Weg, den schönen und bedrückenden Erfahrungen, die jeder erlebt, der sich darauf einlässt. Wir haben dabei Bilder und eine Sprache gewählt, die Sie einladen, eigene Erfahrungen darin wiederzufinden oder auch neue Gedanken zu entwickeln.
Einige Texte und Bilder geben Hinweise auf das Milieu und die Rahmenbedingungen, in denen wir leben und arbeiten.

An dieser Stelle möchten wir uns besonders bedanken bei allen, die zum Gelingen dieses Buches beigetragen haben. Das sind zunächst die Menschen, die mit uns auf dem Weg sind und deshalb auch im Buch vorkommen: Die Bewohner/innen, ihre Angehörigen und Mitarbeiter/innen des St.-Josef-Stiftes in Emsdetten.
Der Träger - die Stiftung St. Josef, vertreten durch das Kuratorium - begleitet, trägt unsere Arbeit und schafft wichtige Freiräume zur Entwicklung.
Der guten Zusammenarbeit zwischen Verlag, Fotograf und Autoren ist es schließlich zu verdanken, dass unser erstes Buch nun vor Ihnen liegt.

Über Anregungen und Fragen zum Buch würden wir uns freuen, denn der Weg geht weiter.

Margarete Heitkönig-Wilp
Wilfried Leusing

# Das Haus

Altenwohnheim St. Josef-Stift
Die Adresse:
Emsdetten
Am Markt 2–4

*Die hier wohnen*
*wohnen im Zentrum*
*sind Teil des Lebens*
*dieser Stadt.*

*Die hier leben*
*haben einen langen Weg hinter sich*
*und wohl kaum einer von ihnen*
*hatte diesen Ort in seinem Lebensplan.*

*Nun sind sie hier*
*mit ihrer je eigenen Geschichte,*
*mit ihren Erinnerungen und Träumen*
*und mit ihren Möglichkeiten und Unmöglichkeiten.*

*Die hier wohnen,*
*bleiben – bis zuletzt –*
*im Zentrum*
*unseres Handelns.*

# DIE MENSCHEN

### Tauschgeschäft

*Die Einen teilen die Freude
    die Anderen das Leid.*

*Die Einen geben ihre Rente,
    die Anderen ihre Arbeitskraft.*

*Die Einen schenken Aufmerksamkeit,
    die Anderen Erfahrungen.*

*Die Einen würzen das Essen
    die Anderen das Leben.*

*Die Einen öffnen ihre Trauer,
    die Anderen trösten.*

*Die Einen haben Pflege gelernt,
    die Anderen lehren Geduld.*

*Die Einen sind Nehmende,
    die Anderen Gebende.*

*Die Einen hören zu,
    die Anderen erzählen vom Leben.*

*Die Einen geben Rat,
    die Anderen schenken Träume.*

*Die Einen gehen voran,
    die Anderen sichern den Weg.*

*Die Einen haben wache Augen,
    die Anderen sehen mit dem Herzen.*

*Die Einen und die Anderen leben voneinander.*

*Der Eine will,
dass sie alle das Leben haben – das Leben in Fülle.*

# DIE MENSCHEN

### Begleitung

*Am liebsten arbeite ich mit Menschen
sagt die junge Altenpflegerin.*

*Alte Menschen sind immer so dankbar
sagt die ehrenamtliche Helferin.*

*Das halte ich nicht mehr aus
sagt die Schwiegertochter.*

*Man muß zuhören können
sagt der Referent.*

*Früher … da hielten alle mehr zusammen
sagt die alte Dame.*

*Reden ist Silber – handeln ist Gold
sagt der Spruchkalender.*

*Liebe deinen Nächsten wie dich selbst
sagt Jesus.*

# GRUNDSÄTZE AM WEG

Die Grundsätze

sind entstanden aus den Erfahrungen im Zusammenleben von Bewohner/innen und Mitarbeiter/innen in unserem Haus. Sie beschreiben nicht den Alltag, aber der Alltag sollte sich in ihnen widerspiegeln. Unabhängig von gesellschaftlichen Strömungen, wechselnden Gewohnheiten und Bedürfnissen sollen sie die Grundlage sein für das Miteinander, das die Menschen in diesem Haus jeden Tag neu erleben.

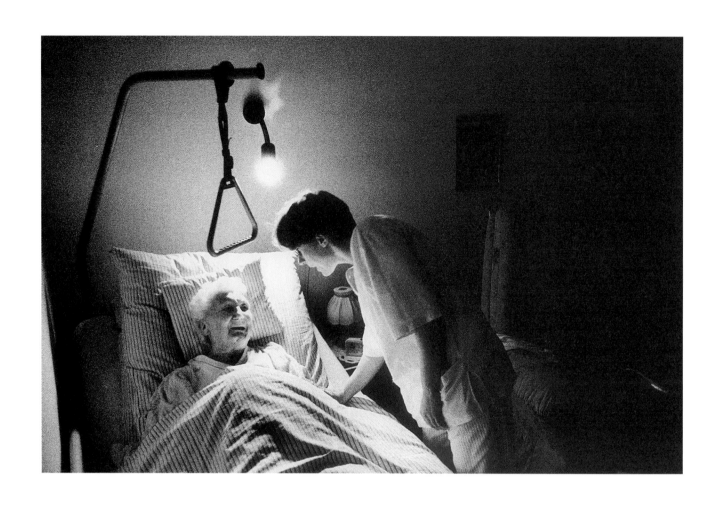

# GRUNDSÄTZE AM WEG

**Leben pflegen**

1) Alte Menschen sollen nicht im St. Josef-Stift leben
   um gepflegt zu werden,
   sondern sie sollen gepflegt werden, damit sie
   leben können – Leben bis zuletzt.

So wie wir nicht leben, um zu atmen, sondern der geschenkte Atem uns leben lässt, so ist all unser Tun und Lassen, alle Professionalität und jede Dienstleistung dem Leben verpflichtet. Unser fachliches Wissen und unser Können sind nicht Selbstzweck, sondern Voraussetzung für den gemeinsamen Weg.

*Wenn das Leben*
*mühsam wird,*
*weil die Kräfte nachlassen*
*und das Heute*
*immer wieder im Gestern versinkt,*

*und wenn die Sehnsucht größer wird,*
*der Weg möge ein Ende haben,*
*dann möchte ich an einem Ort leben,*
*an dem meine Verzagtheit und Unsicherheit*
*ihren Platz haben.*

*Einen Ort wünsche ich mir,*
*der mich geborgen hält,*
*ohne mich festzuhalten,*
*ausruhen und Kräfte sammeln kann,*
*für das letzte Wegstück.*

# GRUNDSÄTZE AM WEG

Umfassendes Leben

2) Leben umfasst den ganzen Menschen mit den Bedürfnissen, Grenzen und Möglichkeiten seines Körpers, seiner Psyche, seiner Seele und seiner Spiritualität. Wir erfahren davon in jeder Begegnung und begleiten das Leben mit Achtsamkeit und Respekt.

Dieser Grundsatz ist trotz seiner vielschichtigen Worte unvollständig. Er deutet an, wieviel mehr das Leben eines Menschen ausmacht, als wir im Augenblick ahnen. Dabei klingen die Aufzählungen angesichts geringer Zeitbudgets und gestiegener Anforderungen in der Altenhilfe wie eine Provokation. Es bleibt eine tägliche Aufgabe, hinzuhören, zu organisieren, zu tun und zu lassen.

*Ich bin alt*
*und fühle mich auch so.*
*So gut es geht*
*bewege ich mich,*
*denn wer rastet, der rostet.*
*An meine Vergesslichkeit*
*kann ich mich schlecht gewöhnen*
*und fünf Mahlzeiten am Tag*
*plus zwei Liter trinken*
*gelingen nicht immer.*
*Meine Neugierde*
*beschränkt sich nicht nur*
*auf die täglichen Todesanzeigen,*
*aber mit Computern*
*will ich mich nicht mehr beschäftigen.*

*So wie ich immer schon*
*Interesse hatte an anderen Menschen*
*freue ich mich über fast jede Begegnung.*
*Und so wie ich mich*
*in bestimmten Situationen*
*schon immer zurückgezogen habe,*
*tue ich es auch noch heute.*
*Ich bin alt – geworden*
*und trage in mir*
*alle Erfahrungen dieses Weges,*
*bewusste und unbewusste.*
*In der letzten Zeit wächst*
*eine weitere Erfahrung –*
*die, dass meine Lebenszeit abnimmt.*

# GRUNDSÄTZE AM WEG

Mitleben und arbeiten

3) **Mitarbeiter/innen aller Arbeitsbereiche werden – wenn auch nur für Stunden – Teil dieses Lebens. Sie haben daher Anspruch auf die Beachtung ihrer körperlichen, physischen, seelischen und spirituellen Bedürfnisse, Grenzen und Möglichkeiten.**

Das bedeutet mehr als Fürsorgepflicht des Arbeitgebers. Das Leben der Bewohner berührt auch das der Mitarbeiter – und umgekehrt. Die täglichen Begegnungen schaffen Beziehungen, die gestaltet, gefördert oder auch ausgehalten werden müssen. Das ist „Beruf" und persönliche Betroffenheit zugleich.

### Grenzerfahrung

*Es gibt Zeiten,*
  *wo die Zeit nicht reicht,*
  *das Not-wendige zu tun.*

*Es gibt Tage*
  *an denen ich nicht mehr*
  *über den Dingen stehe,*
  *sondern in ihnen versinke.*

*Es gibt Stunden*
  *die sich pausenlos*
  *aneinanderreihen.*

*Es gibt Minuten*
  *die dem ganzen Tag*
  *das Licht nehmen.*

*Gut, wenn es Menschen gibt,*
  *die mir zuhören*
  *und mir Zeit schenken,*
  *die Raum lassen für meine Grenzen*
  *und meinen Blick nach vorne richten.*

# GRUNDSÄTZE AM WEG

Lebenskreise

4) **Eine lebendige, lebenswürdige Situation erfordert die Beachtung der Individualität des Einzelnen ebenso wie die bewusste Gestaltung einer gemeinschaftsfördernden Umwelt und die Integration in das Gemeinwesen.**

Die Frage ist nicht, wie viel „Ich" und wie viel „Wir" ein Mensch braucht. Es ist aber unsere Aufgabe, den unterschiedlichen Bedürfnissen Raum zu geben – so gut wir es vermögen.

*Du –*
*das ist meinen Ohren*
*fremd geworden*
*seit meine Kinder so weit*
*fortgezogen*
*und der letzte Bruder*
*gestorben ist.*

*Du –*
*das mich meint*
*und nicht eine Person*
*oder eine Rolle*
*nur und ganz mich.*

*Du –*
*darf ich Dir so sagen,*
*und wirst Du mir antworten,*
*damit ich Deine Nähe spüre?*

# GRUNDSÄTZE AM WEG

**Leben im Blick**

5) Um Bewohnern und Mitarbeitern die Identifikation mit der Einrichtung zu ermöglichen, und damit auch die Entwicklung einer eigenen Identität zu fördern, ist ein hohes Maß an Information und Transparenz notwendig.

Das große Haus und die komplexen Abläufe, die eine Organisation so prägen, sind schwer durchschaubar. Wenn aber das St. Josef-Stift mein Lebensort sein soll, muss ich mich in ihm zurecht finden. Je vertrauter mir alles ist, um so mehr vertraue ich mir und meiner Umgebung.

*Das wünsche ich mir manchmal,*
*dass meine Augen sehen dürfen*
*bis sie satt sind*
*und meine Ohren hören*
*bis sie glühen.*

*Mein Herz soll hüpfen vor Freude*
*und mein Kopf in Zornesröte glänzen.*
*Ab und an wünsche ich mir*
*eine Provokation für mein Gedächtnis*
*oder auch ein Licht,*
*das in dunkle Ecken leuchtet.*

*Und dazu möchte ich manchmal Antworten auf Fragen,*
*die ich noch gar nicht gestellt habe*
*und einen Standpunkt,*
*an dem ich mich orientieren kann.*
*So kann ich meine neue Welt*
*und mich darin*
*erspüren, erleben, entdecken.*

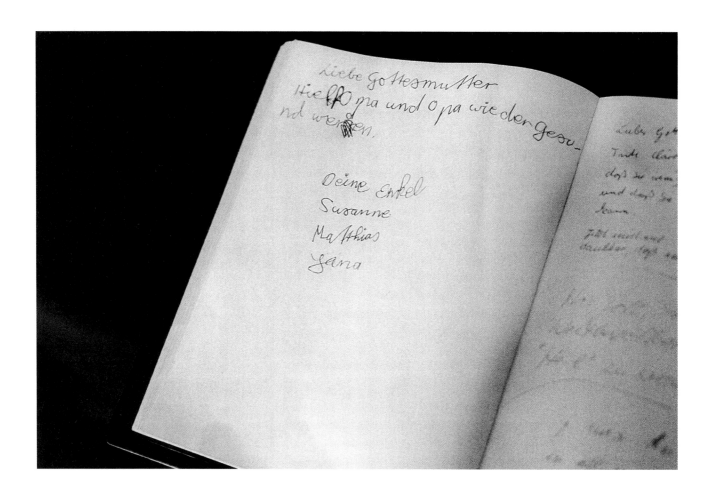

# GRUNDSÄTZE AM WEG

**Milieu zum Leben**

**6) Informationen und Transparenz sind die notwendigen Voraussetzungen für eine umfassende Mitbestimmung und Mitgestaltung durch Bewohner und Mitarbeiter.**

Häufig bestimmen nicht die „großen" Ereignisse unser Leben. Es kommt vielmehr darauf an, dass wir offen sind füreinander und für den Alltag. So kann ein Klima entstehen, in dem Informationen ebenso selbstverständlich sind wie der Mut zum Fragen. Der Weg wird dann manchmal mühsamer – aber es ist der einzige Weg.

**Alltags**
*leben wir*
*wie immer*
*von dem*
*was wir haben*
*wie wir sind*
*worauf wir uns verlassen*

*Das ist gut so*
*für die*
*die sich zurecht finden*
*die glauben*
*dass alles*
*beim Alten bleiben sollte*

*Die Frau*
*deren Hand zittert*
*hat Wochen gebraucht*
*um es mir zu sagen*
*dass sie sich einen*
*großen Löffel*
*für den Nachtisch wünscht*
*damit nicht soviel herunterfällt*

*Alltags*
*brauchen wir*
*den Mut zum Leben*

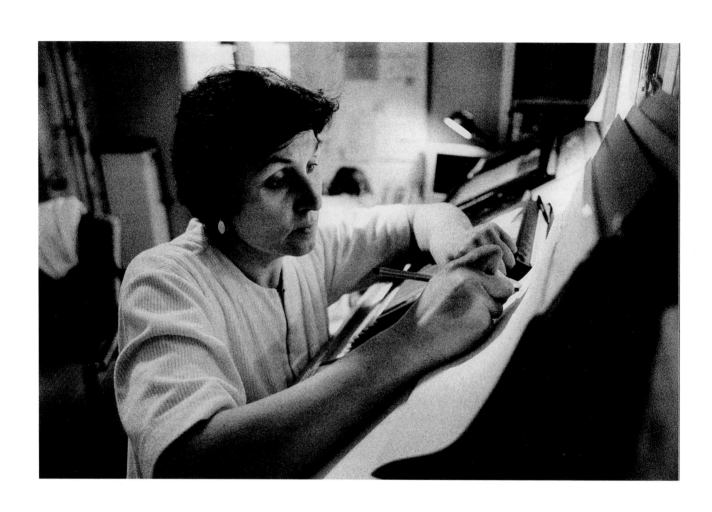

# GRUNDSÄTZE AM WEG

Leben leben

7) Die Anpassung an sich verändernde Bedürfnisse, Erkenntnisse und Bedingungen erfordert ständige Reflexion und ein entsprechendes Maß an Kommunikation.

Leben ist Entwicklung. Damit wir das in unserem mitunter hektischen Alltag wahrnehmen können, brauchen wir Räume, Zeiten und Strukturen zum Nachdenken.

*Nach-denken*
*aus Erfahrung klug werden*

*Wir säßen noch bei Petroleumlicht*
*hätte nicht irgend jemand*
*die Glühlampe erfunden*

*Doch wie hätte er sie erfinden können*
*wäre da nicht das Petroleumlicht gewesen*
*das seinen Arbeitsplatz beleuchtete?*

*So werden wir immer*
*das Alte brauchen*
*um das Neue zu entdecken*

# Sterbebegleitung ist Lebensbegleitung

# AUF DEM WEG

### Sterbebegleitung ist Lebensbegleitung

Für ältere Menschen werden unweigerlich die Fragen, die die letzte Lebensspanne und den Tod betreffen, zu täglichen Begleitern. Das Was und Wie des eigenen Lebensendes. Spürbar bewohnen diese Ängste das Fühlen und Denken.

Wenn ein älterer Mensch sich dazu entschließen muss, aufgrund seiner Altersbeschwerden in ein Altenwohnheim umzuziehen, dann können Sorgen und Unruhe nochmals verstärkt werden. Die letzte Lebensspanne, der letzte Wohnort ist nun offensichtlich, existentiell zu spüren.

Wir erleben in der tagtäglichen Begleitung unserer Bewohner die krisenhafte Auseinandersetzung mit der je eigenen letzten Lebensphase. Miteinander können wir im Haus eine Kultur entwickeln, die vom Milieu der Gesprächsbereitschaft getragen wird.

## Auf dem Weg

Wer im Zenit seines Lebens steht, kann seiner Kraft und seinen Fähigkeiten vertrauen und hat – biologisch betrachtet – noch eine echte Zukunft vor sich. Der alte Mensch aber spürt, dass seine Tage nicht mehr weit ins Zukünftige ragen können – sein Leben wahrhaft in einem Grenzland, in einem Niemandsland endet: dort, wo am liebsten niemand sein und kaum jemand ganz freiwillig leben mag. Als jüngere Mitmenschen werden wir damit konfrontiert und müssen uns damit auseinandersetzen – im Blick auf den anderen und im Blick auf uns selbst. Wir bieten unsere Bereitschaft an, als Grenzbegleiter ein weites Stück mitzugehen.

Wir haben erfahren, dass die Notwendigkeit und Auseinandersetzung sich weiter entwickeln zu einer wachen und bewussten Beachtung der Lebens- und Sterbeprozesse, eine nahe, ehrliche und wahrhaftige Wegbegleitung.

Wir möchten, dass in unserem Haus die Sterbebegleitung nicht der Zufälligkeit unterliegt. Jedem Bewohner sichern wir zu, dass er – wenn er es wünscht – auf seinem letzten Weg begleitet wird.

# AUF DEM WEG

**Weggefährten sein**

*Einander erzählen*
*was jeder gefunden in seinem Leben*
*entdeckt*
*was vor den eigenen Füßen lag*
*nahe-liegend war*
*Fundstücke*
*nicht gesucht*
*zufällig*
*entdeckt*
*in die Hand genommen*
*angenommen*
*das was zufiel*
*Immer ein kleiner Schatz*
*der darauf wartete gefunden zu werden*

*Den Fundstücken*
*einen Platz gegeben*
*in den bewohnten Kammern*
*des Alltags*

*Einander erzählen*
*von diesen Schatzkammern*
*gefüllt mit dem Leben*
*zu dem wir gefunden haben*

# AUF DEM WEG

### Weggefährten sein

*Ein Schritt Du
ein Schritt ich
ein Schritt Du
ein Schritt ich*

*Warte
sage ich
kennst Du den Weg?*

*Nein
nicht genau*

*Moment
sage ich
weißt Du denn
wo der Weg hinführt?*

*Nein
hab' nur eine Ahnung*

*Einen Augenblick mal
sage ich
sind wir beide hier denn richtig?*

*Ja
bestimmt*

*Was
frage ich
macht Dich denn nun so sicher?*

*Unsere Schritte
unsere Spuren
und Deine Fragen
an mich*

# AUF DEM WEG

### Weggefährten sein

*Was ist Wahrheit
angesichts der geschriebenen Worte
die der Arzt in seinem Brief nennt?*

*Die kurze Diagnose
Vokabel
einer noch fremden Sprache
auf der Suche
nach einer lebendigen Übersetzung:
behutsam formuliert
die Betonung auf Wahrhaftigkeit
als Alltagssprache gelebt
echt und ehrlich gesprochen
bemüht um das Miteinander
und falls Worte fehlen
mit Händen und Augen zugewandt*

*Was ist Wahrheit
angesichts der echten Nähe
die ein Mensch einem anderen zeigt?*

*Die Kultur des Vertrautwerdens
mit dem Fremden im Leben
Beziehung als Sprache*

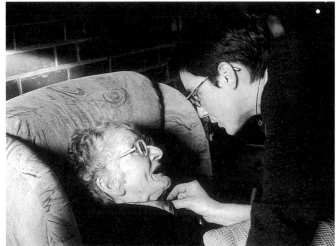

# Auf dem Weg

### Der Weg als Ziel

*Sie ist eine lebensfrohe alte Dame, kraftvoll und aufrecht durchs Leben gehend. Seit ein paar Tagen liegt sie im Krankenhaus und weiß um einen OP-Termin am folgenden Tag. Ihre langjährige Freundin bittet mich, einen Besuch zu machen. Die Angst vor dem morgigen Tag sei so mächtig. Vielleicht könne ich sie ein wenig beruhigen. Sie freut sich über meinen Besuch, umarmt mich und sagt ganz zitternd: „Morgen werde ich operiert, morgen, ich alte Frau. Oh, Gott, hoffentlich geht das gut. Ach, wissen sie, ich hab' so große Angst, dass ich sterbe. Ich bin doch schon über neunzig."*

*Ich setze mich zu ihr, wir halten uns die Hände. Versuche zu formulieren, dass wir alle miteinander hoffen dürfen, dass die Schwestern und Ärzte ihr Bestes geben werden. Gerade weil alle um ihr Alter wissen. Dann sage ich ihr ganz offen und ehrlich, dass sie sich sicher sein darf, dass wir sie nicht allein lassen, uns um alles kümmern, was notwendig ist. Wir werden sie nicht im Stich lassen. Darauf kann sie sich verlassen, darf uns ehrlich vertrauen.*

*Ich verspreche ihr, dass wir am kommenden Tag an Sie denken werden. Für sie eine Kerze anzünden werden. Als ich ihr dann erzähle, dass ich glaube, dass die OP bestimmt zur Chefsache im Himmel erklärt wird, damit egal, was sein würde, alles gut wird, schmunzelt sie. Dann erzählt sie, dass ihre Freundin sie jeden Tag besuchen komme. Beim letzten Mal habe sie einen bunten Luftballon und ein kleines Buch mit Karnevalswitzen – der fünften Jahreszeit entsprechend – mitgebracht. Aber die innere Angst und Sorge mache so elend und krank. Nur ein „Ach…" habe sie sagen mögen. Nun könne sie ein wenig nachfühlen, welche Sorgen sie sich auch gemacht habe. Sie schmunzelt wieder, schaut zum Fenster und sagt leise: „Da bringt die mir doch einen Luftballon und Witze mit. Das ist doch zum Piepen! Aber sie ist 'ne Liebe, gibt sich solche Mühe." – Es scheint ein Geheimnis ihrer und meiner Seelen zu sein, dass uns in der wohltuenden Nähe zum Anderen Heilendes begegnet.*

# Auf dem Weg

### Der Weg als Ziel

*Irgendwann unterhalten wir uns über Musik, über die Schönheit, das Besondere und Vertraute, das was uns anrührt. Sie erzählt von einer Sonate, die sie oft auf dem Klavier gespielt habe. Und wie gern sie dieses Musikstück noch einmal hören möchte. Nach einigem Fragen und Suchen lässt sich eine Platte mit dieser Klavieraufnahme finden. Sie strahlt. Liegt träumend in ihrem Bett, hört wieder und wieder diese Musik. „Schön, so schön, das konnte ich mal auf dem Klavier spielen. Diese schöne Musik." Auf die Frage, ob sie vielleicht auch die Partitur nochmal in die Hand nehmen wolle, sagt sie ganz ruhig: „Die brauch' ich nicht mehr. Klavierspielen, das werd' ich erst wieder im Himmel". – Musik ist manchmal die Sprache für die Töne zwischen Himmel und Erde.*

# AUF DEM WEG

### Der Weg als Ziel

*Seit einigen Jahren*
*lebst Du in Deiner ureigenen Welt*

*Wir ahnen*
*vermuten*
*staunen*
*was in Dir*
*noch wach*

*Seit ein paar Tagen*
*gehst Du einen Weg*
*nun den letzten*
*der vielen*
*Wir spüren*
*eine neue*
*aber vertraute*
*Wachheit in Dir*

*Worte*
*seit Jahren verschollen geglaubt*
*wieder mit Klarheit gesprochen*
*Bevor Du gehst*
*überraschst Du uns*
*mit Deiner Lebendigkeit*

*Ein Trost*
*nach dem jahrelangen Abschied*
*Auch Trost*
*für die endgültige Trennung*

*Eine Begegnung*
*im Sterben*

# AUF DEM WEG

### Der Weg als Ziel

*Fast hundert Jahre ist sie und in unseren Augen eine echte alte Lady. Seit einigen Wochen mag sie aber kaum noch ihr Bett verlassen. In ganz kleinen Schritten, fast leise, geht sie auf ihr Lebensende zu. Neben der Traurigkeit, nun bald sterben zu müssen, kommt oft ein humorvolles Bild für die Dinge der Welt aus ihrem Mund.*

*Als sie eines Tages wieder einmal Hilfe beim Zubettgehen braucht und spürt, wie mühselig alles für sie nur noch möglich ist, die faltigen Arme und Hände betrachtet, sagt sie – beginnend mit einem tiefen Seufzer – dann mit ihrem dünnen Stimmchen: „Ach, ich bin doch eine richtige alte Schachtel!"*

*Wir schmunzeln und entgegnen ganz kurz nur, dass dies in unseren Ohren schon ein mächtiges Wort sei für eine alte Dame.*

*„Ja, wissen Sie", piepste sie leise, „ich bin wohl eine alte Schachtel, aber…" – das letzte Wort gluckste fast aus ihr heraus – „…mit Konfekt".*

*Nun müssen wirklich alle laut lachen, denn unsere Lady isst wirklich eines mit gleichbleibender Leidenschaft: nämlich alles, was süß schmeckt – und am liebsten Konfekt.*
*– So einfach klingt die Weisheit, das zu finden, was dem Leben noch Geschmack gibt.*

# AUF DEM WEG

### Der Weg als Ziel

*Ein Leben lang atmen*

*Des Menschen Atem*
*ist Lebensfluss*
*ein Be-leben lang*
*Das Leben*
*durchatmen*
*durchkämpfen*
*durchlieben*
*durchfließen lassen*
*durch uns*

*Des Menschen Atem*
*ist Sterbensfluss*
*ein Ver-leben lang*
*Das Sterben*
*durchatmen*
*durchkämpfen*
*durchlieben*
*durchfließen lassen*
*durch uns*

*Des Menschen Atem*
*ist Hoffnungsfluss*
*ein Über-leben lang*
*Die Hoffnung*
*durchatmen*
*durchkämpfen*
*durchlieben*
*durchfließen lassen*
*durch uns*

*Ein Leben lang atmen heißt*
*das Leben zu beleben*
*um das Sterben zu verleben*
*in der Hoffnung zu überleben*

# AUF DEM WEG

### Der Weg als Ziel

*Da Du stirbst*
*sind Deine Kinder bei Dir*
*mutterseelenallein jedes*
*nun, da die Mutter gehen muss*
*so erwachsen Menschen aus ihrem Kindsein*
*Denn kein Kind kann nur Kind bleiben*
*in den Augen der Welt*

*mutterseelenallein, auch Du*
*nun, da Du gehen musst*
*so erwachsen Sterbende aus ihrem Menschsein*
*Denn kein Mensch soll nur Mensch bleiben*
*in den Augen Gottes*

# AUF DEM WEG

### Der Weg als Ziel

*Der letzte Weg*
*beginnendes Niemandsland*
*Grenzgebiet des Lebens*

*Treue Begleiter*
*die ein Stück dieses Weges mitgehen*
*eine lange Zeit*
*und in den letzten Minuten*
*sich zurücknehmen und zurückziehen*
*damit einer gehen und einer bleiben kann*

*Treue Begleiter*
*die ein Stück dieses Weges mitgehen*
*ein achtsames Sorgen*
*und bei den letzten Augenworten*
*innehalten und schweigen*
*damit einer gehen und einer bleiben kann*

*Treue Begleiter*
*die ein Stück dieses Weges mitgehen*
*ein gutes Stück*
*und beim letzten Atmen*
*loslassen und freigeben*
*damit einer gehen und einer bleiben kann*

*Der Mensch braucht*
*treue Begleiter*
*die um Einsamkeit wissen*

# AUF DEM WEG

### Der Weg als Ziel

*Unsere Wege sind so unterschiedlich. Du trägst Bilder in Dir, die vom Krieg erzählen. Immer wieder diese Erfahrungen im gemeinsamen Gespräch. Ich kann nur ahnen, welche Trauer Dich bewohnte, Dein Leben in die Tiefe zog. Du erzählst auch von den Jahren, die die dunklen Spuren langsam ins Licht brachten. Es ist gut, dass ich schweige, zuhöre. Ich bin Ohrenzeuge von Deinen Worten, den Klagen, und was Dich getröstet hat. Ich bin auch Augenzeuge von einem Menschen, der mich erkennen lässt, dass man ohne Träume und Hoffnungen nicht weiterleben kann. – Das verbindet uns.*

# AUF DEM WEG

### Der Weg als Ziel

*Wissen Sie,*
*ich hab' keine Angst vor dem Tod. Viele, die ich gekannt habe, leben nicht mehr. Es wird traurig, wenn einer nach dem anderen geht. Sich vorzustellen, dass ich übrig bleibe, das ist schlimm für mich. Dann ist keiner mehr da, der zu meiner Beerdigung mitgeht.*

*Ich möchte keine hundert Jahre alt werden. Früher, da hat man sich das gewünscht. Aber heute möchte ich das nicht mehr. Das Leben wird so mühselig. Es gibt immer eine Stelle, die ein bisschen weh tut, man sieht nicht mehr so gut, das Hören wird schlechter, nachts liegt man länger wach, weil der Schlaf weniger wird.*

*Wissen Sie,*
*es ist gut, dass man sterben darf. Ich möchte nicht mehr so lange leben. Alles war gut. Mich regt nicht mehr soviel auf. Ach, was haben die Menschen doch manchmal für Sorgen. Ich habe das alles nicht mehr… Das ist gut so. Vielleicht muss das so sein, damit man besser gehen kann.*

*Ach, wissen Sie,*
*Sie sind noch so jung. Das ist schön, wenn man noch soviel machen kann, der Partner noch da ist, all' die Kraft, die man noch hat. Aber ich möchte nicht nochmal jung sein. So ist alles gut…*

# AUF DEM WEG

### Der Weg als Ziel

*Sie erkundigt sich morgens, wie es der sterbenden Mitbewohnerin geht. Ich erzähle ihr von der nächtlichen Sitzwache. Sie schaut mich an, legt ihre Hand auf meine: „Tun Sie das später mal auch bei mir?"*

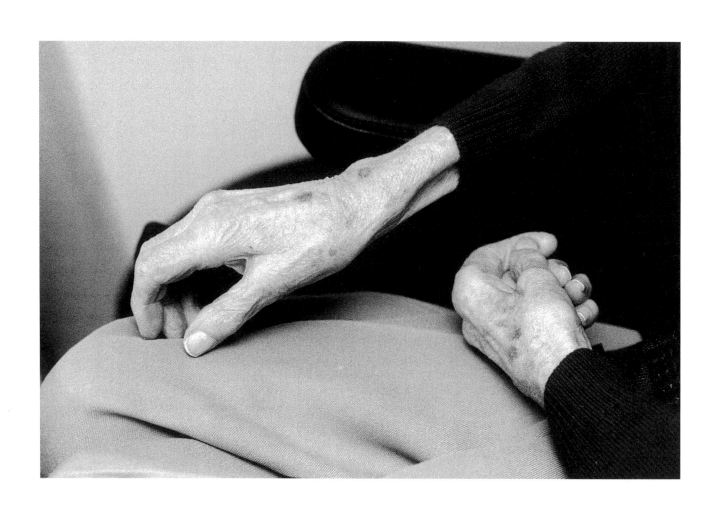

# AUF DEM WEG

### Der Weg als Ziel

*„Ganz laut bete ich zu Gott, ganz laut, damit er mich hört.
Und wissen Sie, was ich dem noch sage? Ich sage: Gott,
Du brauchst dich nicht zu verstecken, ich bete so laut, bis Du
das in der letzten Ecke hörst. So bete ich, wenn ich
ganz große Sorgen habe. Das hilft mir, so kann ich Gott alle
meine Nöte sagen. Er hört mich und erhört mich auch.
Das tut er wirklich." – Später denk' ich, dass so
– mit dieser Kraft – Psalmentexte entstanden sein müssen.*

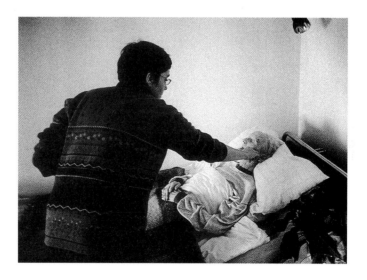

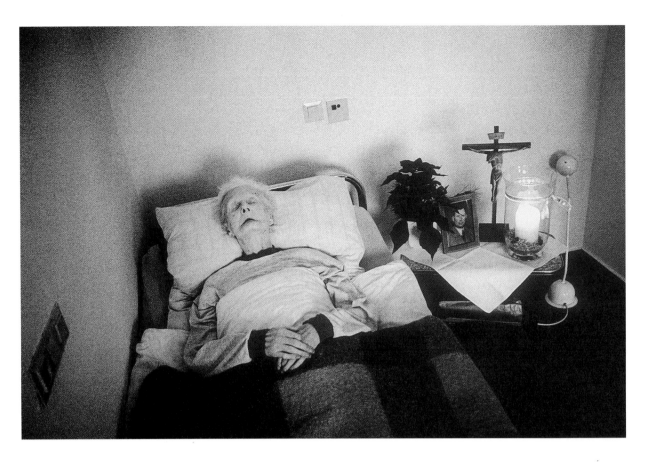

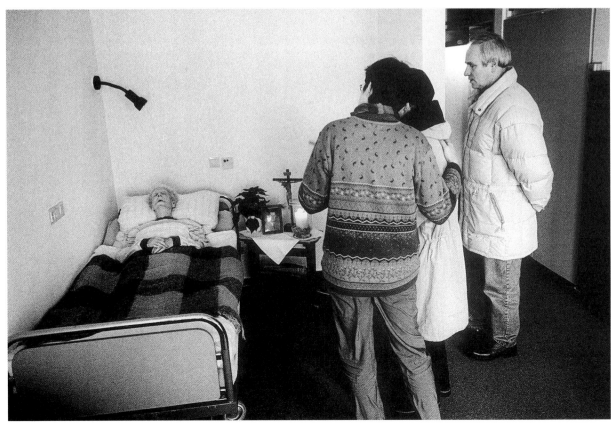

# AUF DEM WEG

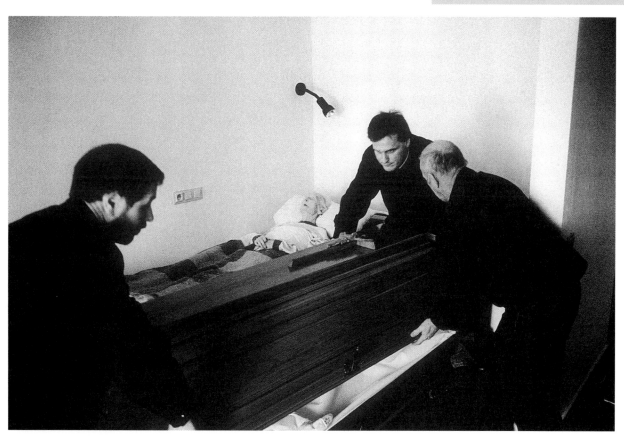

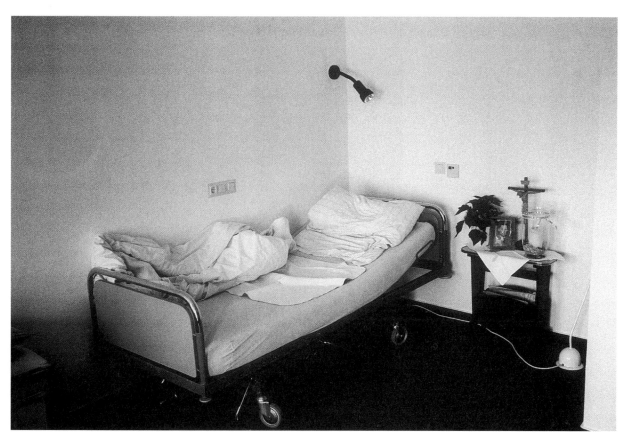

## AUF DEM WEG

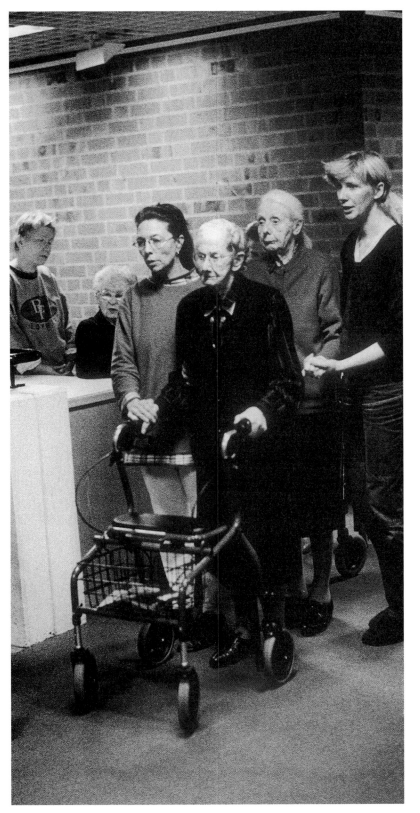

**Der Tod trennt**

*Ein Hauch nur*
*Dein Hinübergehen*
*Ein Hauch nur*
*Deine Welt und meine*

*Ganz sanft*
*streiche ich über*
*Deine Stirn*

*Wegworte aus*
*meinem Mund*
*an Dein noch hörendes Ohr*

*Mutmachende*
*lobende*
*Herzsprache*
*für Deine*
*vielleicht*
*ängstliche*
*Seele*

*Beginnend im Neuen*
*Dein letztes Lauschen*

*Achtsam*
*in Ruhe*
*unsere Sorge*
*um Deinen toten Leib*

*Deine Würde*
*lebendig halten*
*von uns Lebenden*

## Auf dem Weg

**Der Tod trennt**

*Leise*
*ganz leise*
*Atemstille lang*
*ahnen wir*
*dass Du gegangen bist*
*Dein letzter Atem*
*hatte Dich*
*hindurch*
*hinüber*
*getragen*

*Dein*
*erster Atemzug*
*in der anderen Welt*
*still und unhörbar*
*Unerhört*
*anders*
*für uns*
*Unglaublich*
*für Dich*

# Auf dem Weg

**Der Tod trennt**

*So bleiern*
*so erdenschwer*
*wie ein Joch*
*auf Schultern*
*mühend den Tag bewohnen*

*ungeweinte Tränen begrüßen*
*Fluten von Trauer*
*fluten die Seele*
*Land unter*
*im Land der Überlebenden*
*der Fast-Gestorbenen*

*Du da*
*erzähl' nicht*
*vom gelben Winterjasmin*
*wenn ich*
*meine Seele nur*
*mit morastigem Wasser*
*nähren kann*

*Du da*
*bitte*
*bleib und schweige*
*Nur dann*
*ertrage ich*
*das Warten*

*auf den Ölzweig*

# AUF DEM WEG

### Leben danach

*Deine Augen*
*sehen hindurch*
*schauen hinüber*
*sehen neu und Neues*
*Du stirbst*
*mit diesem*
*Augenblick*
*Durchblick*
*Überblick*
*Deine Augen*
*wie ein Fühlen*
*der ersten Frühlingssonne*
*Ein kurzes Aufleuchten in Deinem Gesicht*
*wie ein Spiegel der anderen Welt*
*Ein Moment nur für uns*
*eine Ewigkeit für Dich*

# AUF DEM WEG

### Leben danach

*„Ich gehe zu meiner Eigentumswohnung" – sie sagt oft diesen schmunzel-ehrlichen Satz, wenn sie einen Spaziergang zum Friedhof macht. Jahre zuvor war ihr Mann dort in dem Doppelgrab beerdigt worden. Manchmal erzählt sie, wir sehr ihr dieser Mensch fehlt.*

*Dann erkrankt sie schwer. Ein langer Weg beginnt. Wir spüren, wie sie sich danach sehnt, endlich erlöst zu sein – heim-gehen zu können.*

*Als sie verstirbt, erkennen wir in ihrem entspannten Gesicht, dass sie den Frieden gefunden hat.*

*Später begegnet uns im Beerdigungsamt der Satz: „Ich gehe voran und bereite Euch eine Wohnung bei meinem Vater". Mit diesen Worten schließt sich ihr Lebenskreis für uns. Wir wissen, sie lebt nun in der neuen Wohnung, wonach sie eigentlich Heimweh hatte.*

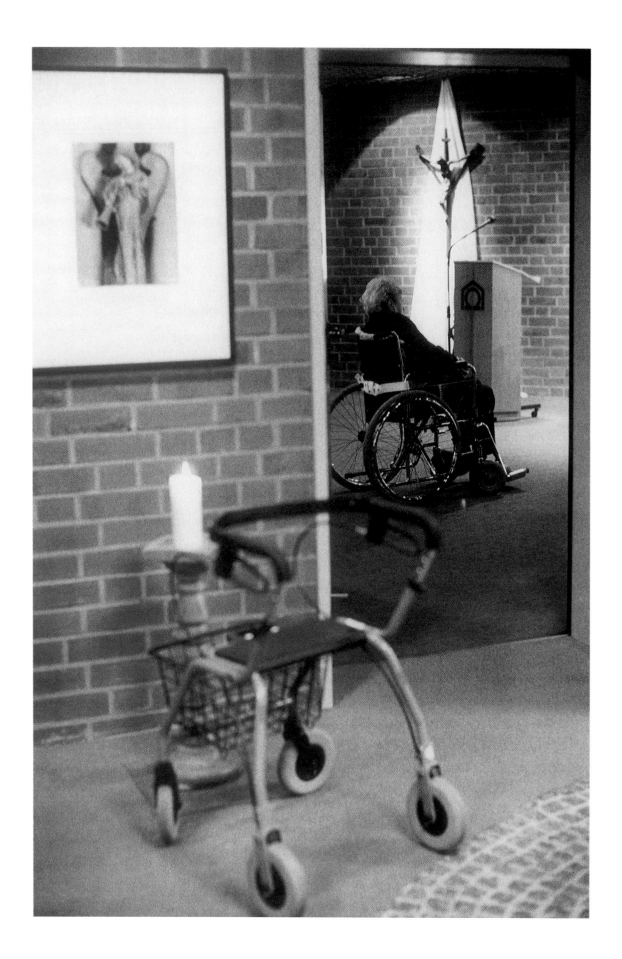

# AUF DEM WEG

### Leben danach

*Wort an Wort*
*Hand auf Hand*
*Herz zu Herz*
*Ohr an Ohr*
*Schweigen ohne Schweigen*
*Haut auf Haut*
*hier und jetzt*
*Angst um Angst*
*Stütze zur Stütze*
*Wange an Wange*
*Trauer zu Trauer*
*Kraft an Kraft*
*Zukunft mit Zukunft*
*Sanft so sanft*
*so nahe*
*wurdest*
*Du*
*mir…*

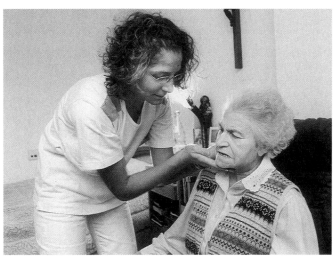

# Auf dem Weg

### Leben danach

*Nie mehr
kommen
banale Sätze
über
das Sterben
und
den Tod
über eines Menschen Lippen
wenn er tief
erfahren hat
wie das Leben
seine
ewigen Gesetze
über
das Sterben
und
den Tod
in sich trägt*

*Tief in uns*
*spüren*
*ahnen wir eine Spur*
*die uns zum Leben verhilft*
*hinführt*
*wo Leben im Sterblichen lebendig wird*
*wo Sterben im Lebendigen sterblich wird*

*Wir spüren*
*dass wir einen Ort*
*ein Haus*
*ein Nest*
*brauchen*
*ein Schneckenhaus*
*das uns Heimat wird*
*und sicher macht*

*Wir spüren*
*dass wir viele Sprachen*
*durch Worte*
*durch Körper*
*brauchen*
*eine Sinneswelt*
*die uns Beziehung ermöglicht*
*und offen macht*

*Wir spüren*
*dass wir weite Gefühle*
*durch Freude*
*durch Trauer*
*brauchen*
*ein Erfühlen*
*das uns Achtsamkeit gibt*
*und fließender macht*

## AUF DEM WEG

*Wir spüren*
*dass wir viel Zeit*
*durch Tage*
*durch Jahre*
*brauchen*
*ein Urgefüge*
*das uns Planung gibt*
*und endlich macht*

*Wir spüren*
*dass wir viele Menschen*
*durch Freundschaft*
*durch Zufall*
*brauchen*
*ein Miteinander*
*das uns Nähe schenkt*
*und herzlich macht*

*Wir spüren*
*dass wir einen Gott*
*auf der Erde*
*und im Himmel*
*brauchen*
*durch und durch*
*seine Spur*
*die uns zum Leben verhilft*
*hinführt*
*wo Leben im Sterben vollendet wird*
*wo Sterben im Leben endlich bleibt*

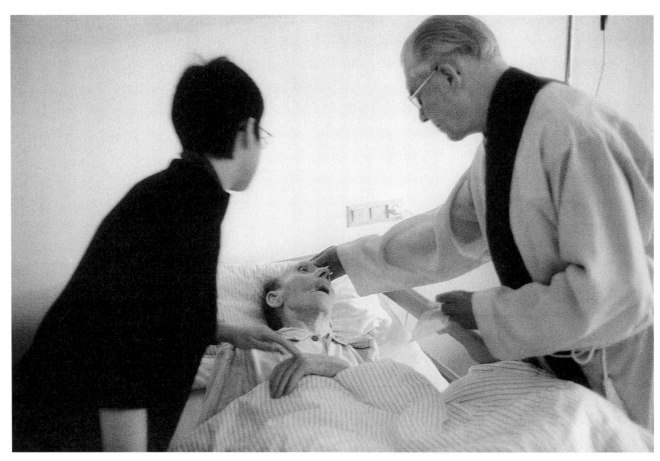
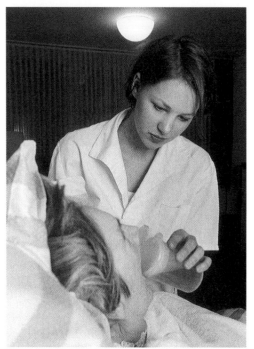

# AUF DEM WEG

### Kurzfassung des Konzeptes „Sterbebegleitung"

Anfang der neunziger Jahre wurden die ersten Erfahrungen konzeptionell zusammengetragen und in der Folgezeit erweitert. Diese Rahmenbedingungen ermöglichen es, dass in konkreten Begleitsituationen miteinander verbindliche Absprachen getroffen werden. Dabei bestimmen die Pflegemitarbeiter/innen des Tagdienstes, ob und wieviel Zeit sie – zusammen mit den Angehörigen – tagsüber oder in der Nacht einbringen können. Sie klären die Situation auch mit den Nachtwachen. Zur Entlastung – vor allen Dingen während der Abend- und Nachtzeit, bei knapper Besetzung oder aus anderen Gründen – stehen vier Mitarbeiter/innen zur Verfügung, die in einem arhythmischen Dienst (also nicht schichtgebunden) tätig sind: eine Pflegedienstleiterin, ein Sozialarbeiter, eine Sozialarbeiterin und eine Ordensschwester. Ein guter Informationsfluss zwischen allen Beteiligten ist notwendig. Dazu gehört auch in besonderer Weise die enge medizinische Begleitung durch den Hausarzt. Nicht vergessen darf man, die trauernden Mitwohner/innen – wenn gewünscht – einzubeziehen und zu informieren.

Jeder Mensch ist ein spirituelles Wesen. So kann eine seelsorgliche und spirituelle Begleitung ein wichtiger Wunsch sein für diese Lebensphase. Die gewünschte Krankensalbung ist ein kraftvolles Zeichen der Nähe Gottes in schwachen Lebensmomenten, als Stärkung gemeint – nicht als „letzte Ölung" missverstanden. Die Spendung der Kommunion bzw. des Abendmahls ist dagegen ein deutlich sinnhafteres und sakramentales Zeichen im Sterbeprozess – will Wegzehrung sein für die letzten Schritte. Wenn diese liturgischen Handlungen im Kreis der Familie, Mitarbeiter/innen und Bewohner stattfinden, berühren sie auch in ureigener Weise die Spiritualität der Begleiter. Neben den liturgischen Formen der Begleitung gibt es die vielen seelsorglichen Formen des Alltags.
Das Füreinander Dasein, das Miteinander Beten, Klagen, Weinen, Segnen und Mut Machen.

Vorrang hat immer, was der sterbende Mensch braucht. Zu den wesentlichen Bedürfnissen gehört oft die Nähe, die sich in direkter Kommunikation, im Handhalten, Streicheln, Eincremen, Umarmen, „Da-sein" oder auch Schweigen ausdrücken kann. Manchmal haben wir konkrete Hinweise über bestimmte Wünsche. (Gebete, Musik, Kerzen, Gesang, Ruhe …) durch die Gespräche erhalten. Die Wegbegleitung soll sanft und vom Sterbenden selber in „Melodie und Rhythmus" bestimmt werden.

Wenn Angehörige die Begleitung ganz oder teilweise übernehmen, begleiten wir auch sie. Wir bieten uns zum Gespräch an, geben Hinweise und Informationen, achten auf Grenzen und Erschöpfung. Wir versuchen ihnen eine angemessene Atmosphäre zu schaffen, in der sie willkommen sind (Sessel, Liege oder auch ein Gästezimmer). Die unterschiedlichen Beziehungen in der Familie sind zu achten und haben immer eine eigene, engere Nähe zum Sterbenden, als wir Mitarbeiter/innen sie beobachten. Nicht selten sind Erfahrungen mit Sterbeprozessen fremd und angstbesetzt. So kann es durchaus sein, dass Angehörige erstmalig solche Situationen erleben und sehr unsicher sind. Besonders, wenn der Sterbende lange Jahre eine Demenzerkrankung in sich trug, braucht die Familie Kraft und Begleitung, um diesen letzten Weg mitgehen zu können. Die vorangegangene Zeit hat oft viel Traurigkeit und auch Wut wachsen lassen.

Alles, was der Sterbende für seinen Appetit möchte, ist zu achten und bereitzustellen. Meist sind es kleine Gaumenfreuden, die er wünscht. Besonders das Angebot von verschiedenen Getränken kann in den letzten Tagen ein gutes Empfinden im Mundraum ermöglichen und somit eine Form der Mundpflege sein. Gefrorene Getränke oder Früchte kommen dem Saug- und Lutschreflex entgegen und sorgen so für

## Auf dem Weg

Wohlgefühl. Auch die leiblichen Bedürfnisse der Angehörigen sind zu beachten. Das Angebot von Mahlzeiten und Getränken ist ein Zeichen der Gastfreundschaft im Haus.

Manchmal sind es genau die wenigen Minuten, die ein Begleiter nicht am Bett verbringt, und die dann zu den allerletzten Lebensminuten des Sterbenden werden. Angehörige und Mitarbeiter/innen sind oft enttäuscht über sich, dass sie in diesen Momenten nicht achtsam genug waren. Diese Erfahrung in Sterbesituationen ist recht häufig. Vielleicht ist das sogar ein Zeichen für uns Lebende, daß einige Sterbende diese Schritte nur allein gehen wollen, um so leichter sich ganz lösen zu können, vielleicht auch, um die Angehörigen zu schonen.

Wenn der Tod eingetreten ist, bleibt der Verstorbene noch bis zum nächsten Tag in seinem Zimmer. Angehörige, Mitbewohner und Mitarbeiter sollen die Möglichkeit haben, in Ruhe Abschied zu nehmen. In der Regel wird das Beerdigungsunternehmen zum nächsten Mittag bestellt. Zu diesem Zeitpunkt versammeln sich alle, die den Sarg auf den letzten Metern aus dem Haus begleiten möchten. Im Foyer wird ein Segensgebet zum Abschied und ein Vaterunser gesprochen. Die letzte Wegstrecke wird in Ruhe und Würde zurückgelegt. Auch die Abfahrt des Leichenwagens passt sich diesem Rhythmus an. Damit wir die Menschen, mit denen wir zusammengelebt haben, nicht so schnell aus unserem inneren Auge verlieren, liegt in der Kapelle das Totenbuch, das „Buch des Lebens". Die Namen der Verstorbenen sind dort eingetragen. Außerdem laden wir im Januar/Februar die Angehörigen der in einem Jahr verstorbenen Bewohner zu einer ökumenischen Gedenkandacht ein.

# AUF DEM WEG

**Segensgebet am Sarg**

Herr, Du unser Gott,
Du begleitest uns
jeden Tag unseres Lebens.

So trägt uns Dein Segen
durch die Lebenstage,
durch das Sterben -
hinüber in das gelobte Land,
das Du uns allen versprichst.

Wir wissen,
dass auch unser Bruder (unsere Schwester)
.........
von uns gehen mußte
um ganz bei Dir zu sein.

Herr, du unser Gott,
begleite uns alle -
besonders in diesen Stunden,
die vom Abschiednehmen geprägt sind.
Gib Du uns deinen Segen,
damit wir einander zum Segen werden
in dieser Zeit und alle Tage.

Vater unser ...

Herr, gib unserem Bruder (unserer Schwester)
.........
die ewige Ruhe
und das ewige Licht leuchte ihm/ihr.
Laß ihn/sie ruhen in Frieden.

Amen

# AUF DEM WEG

**Fürbitten**

In dieser Stunde des Abschieds sind unsere Gedanken bei unserer verstorbenen Schwester (unserem verstorbenen Bruder) ……… Ganz gleich, ob ihr (sein) Tod uns überrascht hat, ob wir ihn als Vollendung oder Erlösung empfinden, wir haben einen Menschen verloren. Unsere Trauer hat hier ihren Platz, und dennoch sind wir nicht ohne Hoffnung.
So wenden wir uns vertrauensvoll an unseren Gott, den wir Vater nennen:

1. Vater,
unsere Schwester (unser Bruder) ……… ist heimgekehrt zu Dir. Bei Dir nahm alles seinen Anfang. Ihr/Sein Leben mit seinen Höhen und Tiefen liegt nun vor Dir, Du nimmst es auf und wandelst es. Hilf auch uns, unsere Schwester (unseren Bruder) in unseren Herzen anzunehmen, wie sie/er war.

2. Vater,
der Tod unserer Schwester (unseres Bruders) ……… berührt uns, besonders die Angehörigen. Hilf uns, zu verstehen, dass alles seine Zeit hat und braucht: die Trauer und die Erinnerung – aber auch die Hoffnung und die Zuversicht, dass wir durch Dich leben bis zuletzt und aufgehoben sind in Dir.

3. Vater,
Einsamkeit, Not und Angst machen uns klein. Durch Nähe, Teilen, Verzeihen und Ermutigung können wir uns gegenseitig aufrichten. Öffne unsere Sinne, damit wir wahrnehmen, was nötig ist.

4. Vater,
wir bitten Dich für alle, die in diesem Haus leben und arbeiten. Lass uns durch Deinen Sohn erkennen, was dem Leben Sinn gibt. Sende Deinen Geist, der uns einander verstehen hilft und schenke uns Deinen Segen, damit wir einander zum Segen werden.

Vater, guter Gott,
unser Leben gelingt nicht immer, unsere Hoffnungen werden enttäuscht und unsere Kräfte schwinden. Es gäb' noch soviel, worum wir Dich bitten möchten. Wie gut, dass Du uns kennst, von Anfang an. Sei unser Begleiter durch alle Lebenszeit und darüber hinaus, bis wir endlich in deinem Frieden zur Ruhe kommen, Amen.

# Nachwort

Beim Spaziergang durch unser Buch mag Ihnen spürbar geworden sein, was uns zu diesen Worten und Bildern bewegt hat. Es ist eine lebenstiefe Erfahrung, die uns in der Nähe der Menschen - uns hier besonders den Menschen am Lebensende - begegnet.
Diese Nähe rührt uns an, sie berührt unsere Seelenhaut. Wir werden empfindsam, wach und klar, wenn es um die Bedürfnisse des Menschseins geht. Es entsteht ein gutes Grundempfinden für uns selbst und im Kontakt zum anderen.

Wir wünschen uns zu den Worten und Bildern, die sich hier zusammenfügen, das sich Gespräche wecken lassen, die in den Alltag schwingen. So verbinden sich unsere Erfahrungen

Ansprechen möchten wir Menschen, die in besonderer Weise Verantwortung tragen für die Lebensprozesse in ihren Einrichtungen. Hier sind Orte möglich, die eine gute Kraft im gesellschaftlichen Umfeld spüren lassen. Es sind kleine Zellen, die durch christliche Impulse leben.
So kann das Miteinander sich freier entfalten und eine größere Weite bekommen. Unsere Arbeit wird dadurch nicht weniger, aber wir werden verantwortlicher und tiefer eingebunden - in das Leben.

Wir wollen, das Sie ein Buch in den Händen halten, das Ihnen Mut macht, weiterzugehen.

Einander werden wir Weggefährten ...

Margarete Heitkönig-Wilp
Wilfried Leusing

## Die Autoren

**Margarete Heitkönig-Wilp**
geboren 1962 in Halverde
verheiratet
Studiengang Sozialwesen an der KFH Vechta
seit 1991 als Diplom-Sozialarbeiterin im Altenwohnheim
St. Josef-Stift in Emsdetten tätig. Langjährige Erfahrungen
im stationären und ambulanten Bereich der hospizlichen
Begleitung, konzeptionelle Arbeit, Entwicklung des
Hospizprojektes „Haus Hannah". Referentinnentätigkeit
zu inhaltlichen, spirituellen und gesellschaftlichen Fragen
der Hospizarbeit.

**Wilfried Leusing**
geboren 1950 in Borghorst
verheiratet, drei Töchter
Studium der Sozialarbeit an der KFH Münster
seit 1976 als Diplom-Sozialarbeiter im Leitungsteam des
Altenwohnheimes St. Josef-Stift in Emsdetten tätig.
Referententätigkeit zu inhaltlichen, strukturellen und
konzeptionellen Fragestellungen in der Altenhilfe.

**Achim Pohl**
geboren 1961 in Düsseldorf
verheiratet, zwei Kinder
Studium Kommunikations-Design an der Gesamt-
hochschule Essen mit dem Schwerpunkt Bildjournalistik.
seit 1991 freiberuflicher Fotojournalist, in erster Linie im
Bereich sozialdokumentarische Fotografie in Deutschland
und in Ländern der Dritten Welt.